BEI GRIN MACHT SICH IHR WISSEN BEZAHLT

- Wir veröffentlichen Ihre Hausarbeit, Bachelor- und Masterarbeit

- Ihr eigenes eBook und Buch - weltweit in allen wichtigen Shops

- Verdienen Sie an jedem Verkauf

Jetzt bei www.GRIN.com hochladen und kostenlos publizieren

Bibliografische Information der Deutschen Nationalbibliothek:

Die Deutsche Bibliothek verzeichnet diese Publikation in der Deutschen Nationalbibliografie; detaillierte bibliografische Daten sind im Internet über http://dnb.d-nb.de/ abrufbar.

Dieses Werk sowie alle darin enthaltenen einzelnen Beiträge und Abbildungen sind urheberrechtlich geschützt. Jede Verwertung, die nicht ausdrücklich vom Urheberrechtsschutz zugelassen ist, bedarf der vorherigen Zustimmung des Verlages. Das gilt insbesondere für Vervielfältigungen, Bearbeitungen, Übersetzungen, Mikroverfilmungen, Auswertungen durch Datenbanken und für die Einspeicherung und Verarbeitung in elektronische Systeme. Alle Rechte, auch die des auszugsweisen Nachdrucks, der fotomechanischen Wiedergabe (einschließlich Mikrokopie) sowie der Auswertung durch Datenbanken oder ähnliche Einrichtungen, vorbehalten.

Impressum:

Copyright © 2016 GRIN Verlag, Open Publishing GmbH
Druck und Bindung: Books on Demand GmbH, Norderstedt Germany
ISBN: 9783668386013

Dieses Buch bei GRIN:

http://www.grin.com/de/e-book/352083/advanced-persistent-threats-bedrohungen-durch-zielgerichtete-und-andauernde

Tobias Steinicke

Advanced Persistent Threats. Bedrohungen durch zielgerichtete und andauernde Cyberattacken

GRIN Verlag

GRIN - Your knowledge has value

Der GRIN Verlag publiziert seit 1998 wissenschaftliche Arbeiten von Studenten, Hochschullehrern und anderen Akademikern als eBook und gedrucktes Buch. Die Verlagswebsite www.grin.com ist die ideale Plattform zur Veröffentlichung von Hausarbeiten, Abschlussarbeiten, wissenschaftlichen Aufsätzen, Dissertationen und Fachbüchern.

Besuchen Sie uns im Internet:

http://www.grin.com/

http://www.facebook.com/grincom

http://www.twitter.com/grin_com

Fachhochschule der Wirtschaft
Paderborn

Seminararbeit

Thema:
Advanced Persistent Threats
Bedrohungen durch zielgerichtete und andauernde Cyberattacken

Verfasser:
Tobias Steinicke

Studiengang:
IT-Management and Information Systems

Eingereicht am:
29. Oktober 2016

> *„Security is a not a product,*
> *but a process."*
>
> (BRUCE SCHNEIDER,
> IT-SICHERHEITSEXPERTE)

Inhaltsverzeichnis

Inhaltsverzeichnis I

Abkürzungsverzeichnis II

1 Einleitung 1
    1.1 Zielsetzung 1
    1.2 Aufbau und Struktur 1

2 Grundlagen: Was sind Advanced Persistent Threats? 2
    2.1 Begriffsdefinition Advanced Persistent Threat 2
    2.2 Charakteristika eines Advanced Persistent Threats 2
    2.3 Ablauf eines Advanced Persistent Threats 4
    2.4 Bedrohungslage für Unternehmen durch Advanced Persistent Threats 5
    2.5 Repräsentative Beispiele durchgeführter Advanced Persistent Threats 6

3 Methoden und Techniken eines Advanced Persistent Threats ... 7
    3.1 Social Engineering 7
    3.2 Spear-Phishing 7
    3.3 Watering Hole Attack 8
    3.4 Drive-by Download 8
    3.5 Rootkits und andere Malware 9

4 Schutzmaßnahmen gegen Angriffe durch Advanced Persistent Threats .. 10
    4.1 Defense-in-Depth 10
    4.2 Managed Security Services 14
    4.3 Sensibilisierung der Mitarbeiter 15

5 Abschließende Betrachtung 16

Quellenverzeichnis 17

Abkürzungsverzeichnis

APT	Advanced Persistent Threat
DMZ	Demilitarisierte Zone
FTP	File Transfer Protocol
HIDS	Hostbasierte IDS
HIPS	Hostbasierte IPS
HTTP	Hypertext Transfer Protocol
IDS	Intrusion Detection System
IPS	Intrusion Prevention System
KMU	Kleine- und Mittelständische Unternehmen
LAN	Local Area Network
MSS	Managed Security Services
MSSP	Managed Security Services Provider
NIDS	Netzwerkbasierte IDS
NIPS	Netzwerkbasierte IPS
PC	Personal Computer
PKI	Public-Key-Infrastruktur
SEM	Security Event Management
SIEM	Security Information and Event Management
SIM	Security Information Management
SSH	Secure Shell
SSL	Secure Sockets Layer
TCP	Transmission Control Protocol
URL	Uniform Resource Locator
US	United States
USA	United States of America
USB	Universal Serial Bus
VPN	Virtual Private Network

1 Einleitung

Unternehmen müssen sich derzeit gleich mehreren Herausforderungen stellen: Zum einen den steigenden Compliance-Anforderungen und die Umsetzung der digitalen Transformation z. B. in Bezug auf Industrie 4.0 oder Cloud Computing.[1] Zum anderen sehen sich immer mehr Unternehmen gezielten Cyberangriffen ausgesetzt. Eine von der Bitkom durchgeführte Umfrage bei über 500 Industrieunternehmen ergab, dass 65% bis 75% der befragten Unternehmen innerhalb der letzten zwei Jahre Opfer von Datendiebstahl, Industriespionage oder Sabotage waren. Dabei standen vor allem Unternehmen aus den Branchen Maschinenbau und Chemie/Pharma im Fokus. Hauptsächliche Angriffsziele waren insbesondere die Bereiche Produktion/Fertigung (36%) und Lager/Logistik (30%).[2]

Waren die letzten drei Dekaden primär durch Cyber-Vandalismus geprägt, erfolgte in den letzten Jahren ein Wandel zur gezielten Cyber-Kriminalität.[3] Richteten willkürlich verbreitete Computerviren/-würmer und Phishing-Mails früher diffuse Schäden an und zielten vordergründig auf Zerstörung ab, werden mittlerweile verstärkt systematische und komplexe Angriffe auf Unternehmen und ihre IT-Landschaften durchgeführt, um an deren sensible Daten zu gelangen.[4]

1.1 Zielsetzung

Zielsetzung der vorliegenden Arbeit ist es, einen Überblick über *Advanced Persistent Threats (APTs)*, gezielte und andauernde Cyberangriffe, zu liefern. Zum einen werden Charakteristika und Ablauf dieser beschrieben und dargestellt, warum APTs eine Gefahr für Unternehmen darstellen. Zum anderen werden Methoden und Techniken vorgestellt, um APTs erfolgreich abwehren zu können.

1.2 Aufbau und Struktur

Die Arbeit gliedert sich in insgesamt fünf Kapitel, bestehend aus der Einleitung sowie den Grundlagen in Kapitel 2, welche einen wesentlichen Überblick über APTs, ihrer Charakteristika und ihren Ablauf schaffen. In Kapitel 3 werden verschiedene Methoden und Techniken, die primär bei einem APT zum Einsatz kommen vorgestellt. Weiterhin werden Ansätze für eine geeignete Abwehrstrategie betrachtet. In Kapitel 5 erfolgt eine abschließende Betrachtung, in der die wesentlichen Punkte zusammengefasst werden und ein Ausblick gegeben wird.

---

[1] Vgl. Kurzlechner (2013); Claranet (2016), S. 24 f.; Schröder (2016), S. 7 f.
[2] Vgl. Bitkom (2016)
[3] Vgl. Emm (2008)
[4] Vgl. Kaspersky Lab (2013); Wood et al. (2016), S. 37 f.

2 Grundlagen: Was sind Advanced Persistent Threats?

2.1 Begriffsdefinition Advanced Persistent Threat

Advanced Persistent Threat (APT) ist ein zusammengesetzter Begriff aus mehreren Teilbegriffen und beschreibt eine *„fortgeschrittene oder erweiterte, andauernde Bedrohung"*. Die Teilwörter dieses Begriffs lassen sich wie folgt definieren:[5]

Advanced (A, *fortgeschritten***):**
Das Teilwort *Advanced* stellt die Abgrenzung zu herkömmlichen, d. h. gewöhnlicherweise willkürlichen, Cyberangriffen dar. Es steht also weniger für die verwendeten Angriffstechniken, da auch klassische Techniken wie *Social Engineering* zum Einsatz kommen können. *Advanced* beschreibt zum einen, dass der oder die Angreifer ganz gezielt ein bestimmtes Ziel anvisieren, zum anderen dass es sich oftmals um einen oder mehrere technisch und finanziell gut ausgestattete Angreifer handelt.

Persistent (P, *andauernd***):**
Ein herkömmlicher Angriff hat i. d. R. das Ziel, den mit Schadsoftware infizierten Rechner auszuspähen oder diesen zur weiteren Verbreitung von Schadsoftware zu nutzen. Bei einem APT hingegen wird der infizierte Rechner meist nur als eine Art Sprungbrett genutzt, um Zugriff auf weitere Systeme in der IT-Infrastruktur zu erhalten. Hauptziel ist vor allem ein dauerhafter (persistenter) und unbemerkter Zugriff auf das Netzwerk. Unter „dauerhaft" wird dabei ein Zeitraum von Wochen, Monaten oder gar Jahren verstanden.

Threat (T, *Bedrohung***):**
Der dritte Teilbegriff steht für die Bedrohung durch Sabotage oder Diebstahl geistigen Eigentums einer Organisation bzw. die Gefährdung eines Systems unter kombinatorischen Einsatz verschiedener Techniken und Tools wie Trojanern, Phishing, Social Engineering etc.

2.2 Charakteristika eines Advanced Persistent Threats

APTs sind laut Sicherheits-Jahresberichten von Cisco und Sophos stark auf dem Vormarsch.[6] Sie stellen unter Einsatz verschiedener Techniken systematische und andauernde Angriffe auf Regierungseinrichtungen, Unternehmen und Personen dar. Bei diesem wollen die Angreifer langfristig, d. h. über einen Zeitraum von

---
[5] Vgl. Binde et al. (2011), S. 3; 5 ff.; Eilers (2012); Slot (2015), S. 1 f.
[6] Vgl. Sophos GmbH (2014), S. 1; Cisco Systems, Inc. (2014), S. 41 f.

2 Grundlagen: Was sind Advanced Persistent Threats?

Wochen, Monaten oder Jahren, und möglichst unbemerkt Zugang zum Zielnetzwerk erhalten. Dieses wird durch speziell auf die Opfer zugeschnittene Angriffsmethoden erreicht.[7]

Im Fokus des gezielten Angriffs stehen insbesondere strategische Dokumente, Kundendaten und Informationen über zukünftige Produktdesigns. Diese Unterlagen lassen sich am „Markt" verkaufen oder können von Staaten ökonomisch oder militärisch gegen andere Staaten eingesetzt werden. Folglich ist jeder APT zwar grundsätzlich ein gezielter Angriff, vice versa trifft dies nicht unbedingt zu. Auch wenn der Begriff APT in jüngster Zeit vor allem von Anbietern diverser Sicherheitssoftware als Schlagwort verwendet wird und damit zur Verwässerung dessen führt, können APTs bestimmte Charakteristika zugeordnet werden:[8]

Angepasste Angriffe:
Die Angriffe werden speziell auf das Opfer zugeschnitten. Für die „Kampagne" werden die zu verwendenden Werkzeuge wie Exploits, Viren, Würmer und Rootkits spezifisch auf die jeweilige Infrastruktur angepasst bzw. modifiziert. Während gewöhnliche Angriffen in verschiedenen Bereichen fast vollständig automatisiert erfolgen (z. B. gewöhnliches Phishing in Form von Spam), erfolgen bei APTs viele manuelle Eingriffe und Anpassungen (z. B. *Spear-Phishing*).

Still und leise:
Eines der Hauptziele besteht darin, sich möglichst lange im Zielnetzwerk bewegen zu können. Aus diesem Grund gehen die Angreifer still und leise vor, um unentdeckt zu bleiben. Kontinuierlich erfolgt eine Überwachung seitens der Angreifer, ob möglicherweise die Gefahr entdeckt zu werden besteht. Unter Umständen ruhen ihre Aktivitäten sogar für einige Zeit, wenn dadurch die Gefährdung vermieden werden kann.

Höhere Ambitionen:
Im Gegensatz zu „Fast-Money-Making" Angriffen sind die Ziele von APTs i. d. R. höher gesteckt. Es geht vielmehr um Spionage und Sabotage durch Konkurrenzunternehmen oder auch Staaten. Die Angriffe können dabei sowohl wirtschaftlich als auch politisch oder militärisch motiviert erfolgen. Die ausführenden Angriffsgruppen sind je nach Auftraggeber finanziell sehr gut ausgestattet und erhalten u. U. sogar Unterstützung durch Militärs oder Geheimdienste.

---

[7] Vgl. Kaspersky Lab (2013); BSI (2013), S. 5; Wood et al. (2016), S. 37 f.
[8] Vgl. Schneier (2011); Symantec (2011), S. 1 f.

Spezifizierte Ziele:
> Im Gegensatz zu willkürlichen Cyberangriffen werden bei APTs ganz bestimmte Ziele angegriffen. Dies können Unternehmen, Organisationen oder Regierungen sein.

2.3 Ablauf eines Advanced Persistent Threats

In der Literatur findet man unterschiedliche Abstufungen in Bezug auf den Lebenszyklus eines APTs. Grundsätzlich kann dieser aber in vier bis sechs Hauptphasen unterteilt werden:[9]

Aufklärungsarbeit:
> Bevor der eigentliche Angriff startet, wird das Zielobjekt ausgekundschaftet. Dies kann z. B. durch Port- oder Schwachstellen-Scans erfolgen, aber auch durch das Sammeln von Informationen von E-Mail Adressen oder Domains. Durch Telefonanrufe und dem Einsatz von *Social Engineering* versuchen die Angreifer an Informationen über interne Abläufe sowie Ansprechpartner, Nebenstellen usw. zu gelangen.

Erstmaliger Einbruch in das Zielsystem:
> Durch die Ausnutzung entdeckter Schwachstellen und bereits gesammelter Informationen erfolgt ein erstmaliger Zugriff auf das Zielnetzwerk. Hierbei kommen Techniken wie *Social Engineering, Spear Phishing* oder *Drive-by-Downloads* zum Einsatz, um bspw. Zugriff über ein (normales) Benutzerkonto in das Firmennetzwerk zu erhalten.

Investigation:
> Ist der Einbruch in das Zielsystem geglückt, verschaffen sich die Angreifer zunächst einen Überblick über die vorgefundene Infrastruktur. Weiterhin versuchen sie, erweiterte Rechte zu erhalten und relevante Benutzerdaten (Benutzernamen und Passwörter), Zertifikate der Public-Key-Infrastruktur (PKI), Virtual Private Network (VPN)-Software oder privilegierte Benutzerkonten und Computer zu finden und einzusammeln. An mehreren Stellen werden unter Ausnutzung von Sicherheitslücken Hintertüren platziert, um spätere Zugriffe selbst bei Entdeckung und Schließung einzelner Sicherheitslücken zu gewährleisten. Dieses Vorgehen erfolgt leise und unauffällig, um jegliche Aufmerksamkeit seitens des Opfers zu vermeiden.

Daten abgreifen:
> Ist ein persistenter Zugriff sichergestellt, wird mit dem Abgreifen und Expor-

---

[9] Vgl. Symantec (2011), S. 1 ff.; Miller (2012), S. 5; McWhorter (2013), S. 27 f., S. 63 ff.

tieren von sensiblen Daten begonnen. Dieser Vorgang kann sich über einen längeren Zeitraum, d. h. mehrere Wochen oder Monate hinziehen, da schnelleres Handeln möglicherweise entdeckt werden könnte.

Exfiltration:
Das Zielnetzwerk wird (vorübergehend) verlassen, um die abgegriffenen Daten zu analysieren. Resultierend kann z. B. die Wertstellung der Daten für einen möglichen Verkauf oder der Verwertung ermittelt werden. Im Anschluss fällt u. U. die Entscheidung, nochmals in das System einzudringen und weitere Daten abzugreifen.

2.4 Bedrohungslage für Unternehmen durch Advanced Persistent Threats

APTs stellen für Unternehmen eine ernstzunehmende Bedrohung dar. Verschiedene Studien ergaben, dass in den letzten Jahren allein die finanziell messbaren Schäden im Millionenbereich lagen. Die Schadenshöhe in mittelständischen Unternehmen lag international durchschnittlich bei rund 1,3 Millionen US-Dollar, bei Großunternehmen betrugen die Schäden im Mittel rund 6 Millionen US-Dollar.[10] Schwer messbar hingegen ist ein potentieller Image- und Vertrauensverlust bei Stakeholdern wie Lieferanten oder Kunden.

Symantec verzeichnete in Untersuchungen zwischen 2011 bis 2015 eine stärkere Fokussierung der Angriffe auf Kleine- und Mittelständische Unternehmen (KMUs). Konzentrierten sich 2011 noch 50% der Angriffe auf Großunternehmen (über 2.500 Mitarbeiter) und nur 18% auf KMUs, so sank 2015 der Anteil der Großunternehmen auf 35%, während die Angriffe auf KMUs 43% ausmachten.[11] KMUs vermuten oftmals fatalerweise, für Angreifer z. B. aufgrund ihrer Größe weniger interessant zu sein. Allerdings rücken vor allem diese aus zwei Gründen in das Visier von Angreifern: Auf der einen Seite sind viele dieser Unternehmen *Hidden Champions*, d. h. sie sind trotz einer gewissen Unbekanntheit in der Öffentlichkeit führend in ihren jeweiligen Branchen wie Maschinenbau, Elektro- oder Fahrzeugtechnik.[12] Auf der anderen Seite sind sie häufig Zulieferer für Großunternehmen (z. B. Automobilkonzerne) und an deren Netzwerke angebunden. Cyberkriminelle vermuten über diesen Weg leichter einen „Fuß in die Tür" bei den Großunternehmen zu erhalten.[13]

---
[10] Vgl. Ponemon (2012), S. 6; PricewaterhouseCoopers (2014), S. 10
[11] Vgl. Wood et al. (2016), S. 43
[12] Vgl. Simon (1990), S. 876
[13] Vgl. PricewaterhouseCoopers (2014), S. 7 f.

2.5 Repräsentative Beispiele durchgeführter Advanced Persistent Threats

Die im Folgenden beschriebenen Beispiele sollen repräsentativ die Hintergründe und Auswirkungen von gezielt durchgeführten Cyberattacken veranschaulichen:

Stuxnet – Angriff auf iranische Atomkraftwerke:

Der im September 2010 entdeckte Computerwurm *Stuxnet* sowie dessen Nachfolger *Duqu* waren prominente Beispiele großangelegter und geplanter Cyberattacken. Durch die Schädlinge wurden gezielt Industrieanlagen mit Steuerungen der Firma Siemens lahmgelegt.[14] Vorwiegend betroffen war der Iran mit über 60.000 Hosts und ca. 15.000 Hosts in Indonesien und Indien (zusammen insgesamt 86% der betroffenen Hosts).[15] Mittlerweile gilt als gesichert, dass die USA gemeinsam mit Israel hinter Stuxnet steckten, um das iranische Atomprogramm lahmzulegen.[16]

Chinesische Angreifer erbeuten 3 Millionen US-Dollar bei Mattel:

Unter Einsatz von Social Engineering und Spear-Phishing gelang es chinesischen Angreifern im April 2016 3 Millionen US-Dollar vom Spielzeug-Konzern Mattel überwiesen zu bekommen. Es wird vermutet, dass sowohl öffentlich zugängliche Mitarbeiterinformationen ausgewertet wurden, als auch ein unerkannter Systemeinbruch stattgefunden hat, um an weitere Details zu gelangen. Danach schickte man eine persönlich adressierte E-Mail an den Finanzvorstand und gab sich als ein neuer Geschäftsführer des Unternehmens aus. Dies wirkte so überzeugend, dass der Finanzvorstand die Überweisung freigab.[17]

Angreifer stehlen mehr als 20 Gigabyte Daten beim Rüstungskonzern RUAG:

Im Mai 2016 wurde bekannt, dass der Schweizer Rüstungskonzern RUAG Opfer eines lang andauernden Cyberangriffs wurde. Der Angriff startete im Dezember 2014 und blieb über ein Jahr unentdeckt. In diesem Zeitraum wurden über 20 Gigabyte an Daten gestohlen. Hauptziel war unter dem Einsatz von Schadsoftware der *Turla*-Familie[18] das Active Directory, um Berechtigungen und Gruppenzugehörigkeiten manipulieren zu können und dadurch Zugriff auf Dateien zu erhalten.[19]

---

[14] Vgl. Bachfeld (2010); Eikenberg (2011)
[15] Vgl. Falliere et al. (2011), S. 5 f.
[16] Vgl. Sanger (2012); M. Holland (2016)
[17] Vgl. Schirrmacher (2016)
[18] Vgl. Symantec (2014)
[19] Vgl. Sperlich (2016); Sarpong (2016)

3 Methoden und Techniken eines Advanced Persistent Threats

APTs verwenden eine Vielzahl von Methoden und Techniken. Im Folgenden werden diejenigen beschrieben, die bei einem Angriff häufig angewendet werden. Einige wie Social Engineering sind nicht neu. Sie kommen auf das Opfer zugeschnitten in Kombination mit anderen Techniken zum Einsatz.

3.1 Social Engineering

Social Engineering beschreibt im Wesentlichen einen Vorgang, eine andere Person (z. B. einen Mitarbeiter) so zu manipulieren, dass sie eine bestimmte Handlung ausführt. Diese kann vielleicht im Interesse der Zielperson sein, dient aber eher einem Angreifer, um an sein Ziel zu gelangen.[20] Im Fokus eines Angreifenden liegt das Sammeln vieler, vermeintlich irrelevanter Informationen. Das wie bei einem Puzzle entstehende Gesamtbild aus Einzelteilen kann umfängliche Erkenntnis über interne Strukturen und Abläufe liefern oder dabei unterstützen gegenüber anderen Menschen glaubwürdig zu erscheinen.[21]

Social Engineering besteht aus verschiedenen Teildisziplinen wie *Elizitieren* und *Pretexting*. Beim Elizitieren versucht der Angreifer z. B. während eines Gesprächs mit einer Person auf subtile Weise relevante Informationen zu extrahieren. Dieses Vorgehen funktioniert i. d. R. Regel gut, weil Menschen höflich sein wollen oder gerne mehr reden, wenn sie gelobt werden.[22] Pretexting umfasst das Vortäuschen falscher Tatsachen anhand einer erfundenen Hintergrundgeschichte, Verhalten (Dialekte, Redensarten o. Ä.) und angepassten Aussehen (Kleidung, Frisur etc.), welches für den Angriff als Szenario relevant ist. Pretexting kann soweit gehen, eine komplett andere Identität für den Angriff zu erschaffen.[23]

3.2 Spear-Phishing

Beim *Spear-Phishing* handelt es sich um eine gezielte Attacke oder eine Kampagne von Attacken, welche in der Regel per E-Mail erfolgt. Im Gegensatz zu herkömmlichen Phishing-Mails richtet sich die Attacke sehr gezielt, spezifiziert und personalisiert gegen ausgewählte Einzelpersonen oder Organisationen. Der Angreifer will dabei als seriöser und vertrauenswürdiger Absender wirken, um dann durch einen entsprechend platzierten Exploit unbefugten Zugriff auf vertrauliche

---

[20] Vgl. Hadnagy (2011), S. 30 f.
[21] Vgl. Mitnick et al. (2003), S. 33; 44
[22] Vgl. Hadnagy (2011), S. 82 f.
[23] Vgl. ebd., S. 109 ff.

Daten zu erhalten. Damit dies gelingt, wird dem Opfer eine persönlich adressierte E-Mail gesendet, die scheinbar von Diensten wie Amazon und PayPal, oder auch Lieferanten, Kunden, Bekannten etc. stammt. Alternativ ist der Angreifer durch den Einsatz von Social Engineering oder durch das Ausspähen von Social Media Profilen (Facebook, XING etc.) in Kenntnis von Hobbys o. Ä. gelangt und kann sich als Absender des Golfclubs, des Sportvereins usw. tarnen. Die präparierte E-Mail enthält üblicherweise entweder einen Link, auf welchen das Opfer klicken soll, oder einen Dateianhang (z. B. ein Word-Dokument, das einen Exploit enthält), welcher geöffnet werden soll.[24] Laut Trend Micro gehört Spear Phishing zu den beliebtesten Mitteln im Bereich der APTs.[25]

3.3 Watering Hole Attack

Eine *Watering Hole Attack* wird ähnlich dem *Spear-Phishing* auf das auszuspähende Opfer, z. B. Manager oder andere Mitarbeiter, zugeschnitten. Dazu versuchen die Angreifer durch Einsatz von Social Engineering oder über Social Media Profile bei Facebook oder XING Informationen über die persönlichen Interessen, Hobbys, Aktivitäten in Wohltätigkeitsorganisationen, Sportvereinen usw. zu erhalten.

Vielversprechende Webseiten, die das Opfer z. B. in der Mittagspause besucht, werden dann auf Schwachstellen untersucht und kompromittiert. Die Kompromittierung kann bspw. durch ausgespähte FTP-Zugangsdaten oder per *Cross-Site-Scripting* erfolgen. Im Anschluss wird Schadcode auf der Webseite eingeschleust, welcher entweder ausführbaren Code nachlädt oder das Opfer beim Aufrufen der Webseite auf eine andere weiterleitet, die identisch aussieht. Die gefälschte Webseite prüft dann verschiedene Parameter auf dem zu infiltrierenden PC ab. Dazu gehören u. a. die Version des Betriebssystems sowie des Webbrowsers. Durch Ausnutzung von Sicherheitslücken, z. B. im installierten Java Client oder Adobe FlashPlayer, wird dann ein Exploit auf den Opfer-PC eingeschleust.[26] Populäre Beispiele für erfolgreiche Watering Hole Attacks waren Angriffe auf die Webseiten von Microsoft, Facebook, Apple und Forbes.[27]

3.4 Drive-by Download

Ein *Drive-by Download* beschreibt das unbeabsichtigte Herunterladen und Ausführen von Schadsoftware beim Aufrufen einer verseuchten Webseite. Sie werden oft

---

[24] Vgl. TrendLabs APT Research Team (2012), S. 1 ff.; Wood et al. (2016), S. 40 f.
[25] Vgl. TrendLabs APT Research Team (2012), S. 1
[26] Vgl. Gragido (2012); Grimes (2013)
[27] Ebd.; Rashid (2015)

3 Methoden und Techniken eines Advanced Persistent Threats

in Kombination mit Phishing-Mails genutzt, welche Weblinks auf eine präparierte Webseite enthalten. Diese Webseiten können bspw. das Look-and-Feel von bekannten Seiten und Portal imitieren, um Vertrauen zu erwecken und den Anwender z. B. dazu zu bringen, Anmeldedaten preiszugeben. Alternativ wird eine Schwachstelle der originären oder gekaperten Webseite ausgenutzt, um teils über mehreren Stationen auf die verseuchte Webseite weiterzuleiten. Der Download der Schadsoftware geschieht „im Vorbeifahren" ohne Kenntnis des Anwenders z. B. unter Ausnutzung von Sicherheitslücken bzw. Exploits des Browers oder eingebetteten Plugins wie ActiveX, Java/JavaScript oder Flash.[28]

3.5 Rootkits und andere Malware

Oberstes Ziel einer APT-Kampagne ist es, so lange wie möglich unentdeckt zu bleiben. Durch den Einsatz von *Rootkits* ist es oftmals möglich, die Präsenz von Schadsoftware oder Hintertüren zu verschleiern. Rootkits haben die Fähigkeit, sich selbst und andere Malware, die z. B. zur Observation des zu infiltrierenden PCs genutzt wird, vor dem Betriebssystem und vor Sicherheitssoftware zu verbergen. Grundsätzlich sind Rootkits nicht „böse", werden aber oftmals für solche Zwecke verwendet.[29] Rootkits existieren im Wesentlichen in zwei Ausprägungen: Zum einen existieren so genannte *User-Mode-Rootkits*, welche laufende Prozesse modifizieren oder Speicherbereiche überschreiben, die von einer Anwendung genutzt werden. Zum anderen existieren *Kernel-Mode-Rootkits*, welche auf der untersten Ebene des Betriebssystems operieren. Diese Ebene ist bedingt durch die Prozessor-Architektur mit den weitreichendsten Privilegien ausgestattet. Kernel-Mode-Rootkits können deshalb wesentlich schwerer erkannt werden.[30]

Neben Rootkits kommen bei APTs vielfach weitere Malware-Derivate zum Einsatz. Dazu gehören bspw. *Keylogger*, um Tastatureingaben aufzuzeichen oder *Spyware*, die ohne Kenntnis des Opfers Informationen sammelt. Aber auch Schadsoftware, welche die Daten auf Festplatten verschlüsselt, so genannte *Ransomware*, nimmt in den letzten Jahren massiv zu. So verzeichnete das BSI zwischen Oktober 2015 und Februar 2016 einen Anstieg um den Faktor 10.[31] Eine Umfrage des BSI ergab, dass bereits über 30% der befragten Unternehmen von Ransomware betroffen waren.[32]

---

[28] Vgl. Cova et al. (2010), S. 281 f.; Eshete (2013), S. 355; Slot (2015), S. 12 f.
[29] Vgl. Hoglund et al. (2006), S. 4 f.
[30] Vgl. Malenkovich (2013)
[31] Vgl. BSI (2016b), S. 6
[32] Vgl. BSI (2016c)

4 Schutzmaßnahmen gegen Angriffe durch Advanced Persistent Threats

Aufgrund der Vielseitigkeit der Angriffsszenarien, muss auch eine geeignete Abwehrstrategie vielfältig sein. Nachfolgend werden einige Hauptansätze beschrieben, gezielte und persistente Angriffe deutlich zu erschweren, zu entdecken oder im besten Fall erfolgreich abzuwehren.

4.1 Defense-in-Depth

Defense-in-Depth beschreibt eine mehrschichtige Verteidigungsstrategie. Durch überlappende Layer (Ebenen) soll der Schutz selbst dann gewährleistet werden, wenn Angreifer eine oder mehrere Schichten durchbrechen können. Das Konzept adressiert sowohl technologische, als auch personelle und operative Schwachstellen im Lebenszyklus eines Systems und verhindert das Eintreten eines *Single Point of Failure*[33]. Ursprünglich aus der strategischen Militärführung stammend, liegt die Intention des Konzepts weniger darin, einen Angriff zu verhindern, als den Angriff zu verlangsamen und Zeit zu gewinnen. Folglich können Angriffe nicht nur abgewehrt, sondern auch besser erkannt und analysiert werden, um angemessen zu reagieren.[34] Die Schichten einer Defense-in-Depth Strategie können u. a. aus folgenden Komponenten bestehen:

AntiVirus

Virenscanner kommen vor allem auf PCs oder Servern zum Einsatz, um Malware, Viren, Trojaner und Würmer auf Festplatten aufzuspüren, zu isolieren und zu blockieren. Auf der Festplatte befindliche Dateien (Dokumente, E-Mails etc.) werden i. d. R. in Echtzeit beim Öffnen oder Erstellen/Ändern überprüft. AntiVirus-Lösungen setzen zum einen auf klassische Signatur-Dateien, anhand der sich Schadprogramme eindeutig identifizieren lassen. Zum anderen werden Heuristiken eingesetzt, um ähnlich agierende Schadprogramme bzw. verdächtige Verhaltensweisen zu erkennen, auch wenn diese noch nicht in der tagesaktuellen Signatur-Datei enthalten sind. Dies führt aber auch zu Fehlalarmen (*False-Positive*). Neben der Problematik, dass Virenscanner oftmals zu schützende Systeme ausbremsen, gehören Fehlalarme zu den üblichen Schwächen von Virenscannern.[35]

---

[33] Ein Single Point of Failure beschreibt den Bestandteil eines Systems, dessen Ausfall einen Komplettausfall des Systems nach sich zieht
[34] Vgl. Schneier (2006); Vacca (2012), S. 546
[35] Vgl. Wikipedia (2016)

4 Schutzmaßnahmen gegen Angriffe durch Advanced Persistent Threats

Firewalls

Firewalls bilden eine der ersten Schutzschichten nach außen und regulieren grundsätzlich den Datenverkehr zwischen zwei verschiedenen Netzen. Folglich können sie auch Datenverkehr innerhalb der internen IT-Infrastruktur trennen. So genannte *Demilitarisierte Zonen (DMZ)* können z. B. zur Trennung von FrontOffice, Entwicklung und Produktion implementiert werden, um den Datenverkehr zwischen diesen zu regulieren. Seitens des BSI wird bspw. ein zweistufiges Firewall-Konzept empfohlen: Eine Firewall von Hersteller-A trennt das Internet von der DMZ. Eine weitere Firewall von Hersteller-B überwacht und reguliert die Verbindung zwischen der DMZ und dem internen Netzwerk. Durch den Einsatz verschiedener Hersteller können im besten Fall jeweils die Schwächen des anderen aufgehoben werden.[36]

Klassische Firewalls setzten auf das Konzept der Paket- und Portfilterung. Bestimmte Protokolle wie HTTP oder SSH bzw. Ports wie 80/TCP oder 22/TCP werden erlaubt oder verboten. Da aber viele Applikationen z. B. über HTTP bzw. Port 80 kommunizieren, gilt dieser Ansatz inzwischen nicht mehr als ausreichend. Moderne, so genannte *Next-Generation Firewalls*, können bezogen auf die jeweilige Applikation (z. B. Skype, Spotify etc.) oder Content filtern, Malware durch das Blocken bestimmter Applikationen verhindern oder verschlüsselten SSL/SSH-Traffic analysieren.[37]

Intrusion Detection Systeme

Intrusion Detection Systeme (IDS) existieren in den Ausprägungen *Netzwerkbasierte IDS (NIDS)* und *Hostbasierte IDS (HIDS)*. Ihre Hauptaufgabe liegt darin, Einbruchsversuche und Einbrüche in das Netzwerk zu erkennen und zu melden. Das Netzwerk wird dazu auf verdächtige Aktivitäten analysiert und bei entsprechendem Verdacht wird ein Alarm ausgelöst.

NIDS analysieren jedes Paket sämtlicher Netzwerkverbindungen auf ihre Gültigkeit und etwaiger Angriffsmuster. Ihr Hauptproblem liegt jedoch in den immer schneller werdenden LANs und Datenmengen, die bewältigt werden müssen. Außerdem arbeiten sie häufig noch signaturbasiert, wodurch nur bekannte Angriffsmuster erkannt werden können. HIDS hingegen operieren auf der Ebene des Hosts. Sie überwachen ein System in Bezug auf dessen Speicherverbrauch, die Anzahl geöffneter Prozesse oder auf zulässige Dateiveränderungen. Zusammenfassend dienen IDS lediglich ergänzend zu Firewalls und Patchma-

---
[36] Vgl. BSI (2016a), S. 1610 ff.
[37] Vgl. Geier (2011)

nagement, ersetzen diese aber nicht, da Angriffe ausschließlich erkannt, aber nicht verhindert werden können.[38]

Intrusion Prevention Systeme

Intrusion Prevention Systeme (IPS) kombinieren die Funktionalitäten von klassischen Firewalls und IDS. Sie existieren ebenfalls in den Ausprägungen netzwerkbasiert und hostbasiert. *Netzwerkbasierte IPS (NIPS)* regulieren und filtern den Datenverkehr wie eine klassische Firewall, ergänzend analysieren diesen aber wie ein IDS und blocken ggf. sonst erlaubten Datenverkehr, sobald Muster eines Angriffs erkannt werden. *Hostbasierte IPS (HIPS)* erkennen und verhindern unerlaubte Dateimodifikationen, beenden Anwendungsprozesse oder Benutzersitzungen. Ebenso können sie dafür sorgen, dass z. B. bestimmte Prozesse immer laufen müssen und nicht beendet werden können. Der größte Nachteil von IPS liegt in false-positive Erkennungen. Dies führt dazu, dass Netzwerkverkehr auch dann geblockt wird, wenn gar kein Angriff erfolgte. Folglich kann es zu Datenverlusten kommen.[39]

Sandboxing

Sandboxing im Kontext der IT-Sicherheit beschreibt einen Ansatz, bei welchem z. B. Applikationen oder verdächtige Dateianhänge aus E-Mails in einer isolierten Umgebung ausgeführt und hinsichtlich unbekannter Schadcodes getestet werden. Ohne das eigentliche Netzwerk zu gefährden kann bspw. das Verhalten von Malware in Bezug auf Netzwerkaktivitäten, Verbindungen zu externen Servern etc. analysiert werden. Anbieter von Sandboxing-Lösungen gleichen die zu analysierenden Dateien oftmals über einen Hash cloudbasiert mit bereits analysierten Dateien ab. Der Nachteil von Sandboxing liegt zum einen in der zunehmenden Komplexität der Infrastruktur, zum anderen hinterlassen Sandboxing-Lösungen gewisse verräterische „Fußspuren" und sind nicht immer transparent. Malware-Entwickler könnten Sandboxing z. B. am Timing der Virtualisierung, virtuell emulierten Geräten, typischen Diensten, Dateien oder Ports erkennen. Infolgedessen könnten sie versuchen den Sandboxing-Mechanismus mit harmlosen Aktivitäten hinzuhalten und die eigentlichen Schadroutinen vorübergehend zu deaktivieren. Moderne Sandboxing-Lösungen müssen deshalb die Produktivumgebung (Betriebssystem, Applikation etc.) und User-Interaktionen wie Mausklicks etc. bestmöglich imitieren.[40]

---

[38] Vgl. T. Holland (2004), S. 6 ff.; Spenneberg (2006), S. 165 ff.
[39] Vgl. T. Holland (2004), S. 8 ff.; Spenneberg (2006), S. 167 f.
[40] Vgl. Martin (2014); Vogt (2015)

Security Information and Event Management

Security Information and Event Management (SIEM) vereint die Grundsätze von *Security Information Management (SIM)* und *Security Event Management (SEM)*. Es basiert auf dem Ansatz, dass relevante Daten in Bezug auf die IT-Sicherheit an vielen verschiedenen Stellen in der IT-Infrastruktur anfallen und es deutlich einfacher ist, diese an einer zentralen Stelle in Bezug auf ungewöhnliche Muster und Aktivitäten zu aggregieren, langfristig zu speichern und zu analysieren. Üblicherweise wird auf den diversen Systemen wie Netzwerkgeräten, Endgeräten und Servern ein Software-Agent installiert, welcher Protokolle von Betriebssystemen, Anwendungen, Datenbanken etc. sammelt und an eine zentrale Management-Konsole zur Bewertung weiterleitet. Anhand definierter Richtlinien und Regeln können die Protokolle korreliert und automatisiert mit Standards und Compliance-Regularien abgeglichen werden. Per Alarmfunktionen können dann verdächtige Muster und Aktivitäten gemeldet werden.[41]

SIEM bietet zwar ein probates Mittel, um APTs rechtzeitig erkennen und abwehren zu können. Gleichzeitig gestaltet sich die Implementierung eines SIEM durchaus sehr komplex. Dies beginnt schon bei der Auswahl wichtiger Ereignisse, die von den Systemen überhaupt weitergeleitet und bewertet werden können. Erfolgt hierbei keine geeignete Vorab-Filterung, kann das SIEM schnell unübersichtlich und ineffizient werden. Eine weitere Komplexität ergibt sich weiterhin bei der Erstellung geeigneter Regeln und der zu treffenden Schritte bei Alarmierung.[42]

Least-Privilege und Need-to-know

Auf organisatorischer Ebene sollten Benutzerprivilegien grundsätzlich nach dem „*Least-Privilege*"- bzw. „*Need-to-know*"-Ansatz vergeben werden, wodurch sichergestellt wird, dass ein Anwender nur auf diejenigen Ressourcen, Objekte und Freigaben Zugriff erhält, die für die Ausübung seiner täglichen Arbeit oder Funktion erforderlich sind. Die Zugriffe und Berechtigungen sollten dabei auf ein Minimum reduziert werden.[43] Demnach kann auch die für einen Angreifer vorhandene Angriffsfläche reduziert und eine Infiltration erschwert werden.

---

[41] Vgl. Vacca (2012), S. 59; Maier (2013); Rouse (2015)
[42] Vgl. Maier (2013); Rouse (2015)
[43] Vgl. Saltzer et al. (1975), S. 7; Stewart (2011), S. 100

4.2 Managed Security Services

Gerade KMUs fehlt i. d. R. die Kernkompetenz für IT-Sicherheit. Auch die Implementierung eines SIEM kann sich als sehr komplex erweisen, wie im vorangehenden Abschnitt erläutert wurde. Ein weiterer Ansatz für Unternehmen könnten darum „*Managed Security Services (MSS)*" sein. Dabei handelt es sich mehr um eine organisatorische, als technische Maßnahme, um Cyberangriffe frühzeitig erkennen und abwehren zu können. IT-Sicherheitsrelevante Aufgaben wie die Betreuung von Firewalls, AntiVirus- und AntiSpam-Lösungen, Content-Filter, das Überwachen des SIEM etc. werden an einen *Managed Security Services Provider (MSSP)* – also einen externen Dienstleister – ausgelagert.

Dies hat vor allem zwei entscheidende Vorteile. Erstens wird die Betreuung der Sicherheitssysteme an einen externen Experten abgegeben, der auf dem Gebiet z. B. von IT-Sicherheitsvorfällen deutlich erfahrener ist und dies auch belegen kann. Die verstärkt zunehmende Verwendung von Weblösungen durch Mitarbeiter und der rasante Wandel von Angriffsszenarien stellt unternehmensinterne IT-Abteilungen vor große Herausforderungen, da sich diese häufig nicht genauso schnell anpassen können. Durch den Einsatz erfahrener Experten, die bereits mehrfach Cyberangriffe frühzeitig erkannt und erfolgreich abgewehrt haben, kann ein betroffenes Unternehmen im Angriffsfall deutlich souveräner agieren. Wird ein Unternehmen angegriffen, dass bis dato keinerlei oder nur sehr wenig Erfahrung in Bezug auf Cyberangriffe hat, könnten Sicherheitsalarme durch das SIEM nicht beachtet oder falsch eingeschätzt werden. Das Unternehmen könnte also wertvolle Zeit verlieren, welche zwischen Erfolg und Nicht-Erfolg des Angreifers und im schlimmsten Fall über den Fortbestand des Unternehmens entscheiden kann.

Zum Zweiten kann das Unternehmen die interne Problematik des „gläsernen Mitarbeiters" umgehen. Die umfängliche Überwachung der gesamten IT-Infrastruktur alarmiert Betriebsräte, die eine Gefährdung des Mitarbeiter-Datenschutzes sehen. Durch das Auslagern an eine neutrale Drittpartei, dem Service Provider, kann sichergestellt werden, dass der Arbeitgeber bspw. keinen Zugriff auf mitarbeiterbezogene Netzwerkaktivitäten erhält.[44] Gleichzeitig muss der Auftraggeber aber dennoch unbefugten Zugriffe oder Weitergabe sowie eigenmächtige Änderungen seitens des Auftragnehmers (z. B. durch vertragliche Verpflichtung) unterbinden. Ein weiterer Vorteil liegt für ein Unternehmen darin, rechtliche und regulatorische Anforderungen (*Compliance*) besser umsetzen zu können.[45]

---

[44] Vgl. Röhr (2016), S. 93
[45] Vgl. Ries (2013)

4 Schutzmaßnahmen gegen Angriffe durch Advanced Persistent Threats

Da ein Unternehmen beim Einsatz von MSS einen wichtigen Teil der IT-Infrastruktur und seines eigenen Schutzes auslagert, ist die geeignete MSSP-Partnerwahl umso entscheidender. Er sollte seine Reputation entsprechend z. B. durch mehrfach frühzeitig erkannte und erfolgreich abgewehrte Cyberangriffe belegen können.

4.3 Sensibilisierung der Mitarbeiter

Die Sensibilisierung der Mitarbeiter stellt eine sehr wichtige, organisatorische Maßnahme im Kampf gegen APTs dar. Vor allem die erste Phase eines APTs, die Aufklärungsarbeit, stellt eine soziale Komponente dar und zielt auf die „Schwachstelle Mensch" ab. Je besser Mitarbeiter aufgeklärt sind, desto schwieriger wird es für Angreifer, entsprechende Schwächen auszunutzen und so einen „Fuß in die Tür" zu bekommen. Entscheidend ist deshalb umso mehr, dass Mitarbeiter regelmäßig in Bezug auf den Umgang mit internen und vertraulichen Informationen, Arbeitsmitteln etc. geschult und sensibilisiert werden. Dies umfasst situationsgerechtes und angemessenes Verhalten, z. B. keine unbekannten Wechselmedien wie USB-Sticks an Firmen-PCs anzuschließen, URLs in E-Mails aus vermeintlich vertrauenswürdiger Quelle oder Telefonanrufe von angeblich leitenden Angestellten kritisch zu hinterfragen und niemals vertrauliche Informationen am Telefon weiterzugeben. Es empfiehlt sich, diese Schulungen sowohl bei neuen Mitarbeitern durchzuführen, als auch turnusgemäß (z. B. einmal pro Quartal) bei allen anderen umzusetzen.

5 Abschließende Betrachtung

Zusammenfassend lässt sich festhalten, dass APTs eine reale, zunehmende und kritische Bedrohung für Unternehmen, Organisation und öffentliche Einrichtungen darstellen. Dies geht besonders auf die Komplexität der Angriffe an sich zurück. Dass Angreifer-Gruppen vielfach durch Staaten oder dubiosen Organisationen finanziell und technisch unterstützt werden, erhöht die Bedrohung zusätzlich.[46] Vor allem Unternehmen sollten die Gefahr nicht unterschätzen und aufgrund ihrer Größe fälschlicherweise annehmen, nicht betroffen zu sein. Wie sich in der Vergangenheit gezeigt hat, stehen nicht nur Großunternehmen, sondern vor allem auch KMUs im Fokus von Angreifern.[47]

APTs sind grundsätzlich nicht „standardisiert" und werden durch den kombinatorischen Einsatz verschiedener Methoden und Techniken wie *Social Engineering*, *Spear-Phishing*, *Watering-Hole-Attacks* oder *Drive-by Downloads* speziell auf das jeweilige Opfer zugeschnitten. Resultierend existiert auch kein Panazee für Unternehmen, diese komplexen Angriffe abzuwehren. Dennoch bieten verschiedene Lösungsansätze wie *Defense-in-Depth*, *SIEM* oder *MSS* eine Möglichkeit, es Angreifern zumindest weitestgehend zu erschweren, in das Unternehmensnetzwerk einzudringen oder zumindest nicht unentdeckt zu bleiben. Eine hohe Priorität sollte dabei vor allem auch der Sensibilisierung der Mitarbeiten spielen, da die „Schwachstelle Mensch" als Start- und Ausgangspunkt vieler APT-Kampagnen dient. Nichtsdestotrotz sollte das Risiko eines Angriffs von Innen durch eigene Mitarbeiter nicht unterschätzt werden, sodass die verschiedenen Ansätze stets in Kombination zu betrachten sind, um die jeweiligen Einzelschwächen abzumildern bzw. zu dezimieren.

In Hinblick auf die zukünftige Entwicklung vermutet der Autor eine noch stärkere Zunahme dieser Angriffe, die insbesondere in Bezug auf die digitale Transformationen für Angreifer noch lukrativer werden dürfte. Die zunehmende Variation vernetzter Geräte wie Maschinen, Anlagen und Haustechnik bieten künftig sowohl weitere Angriffsvektoren, als auch neue Ziele, deren Daten auszuspähen und zu stehlen es sich lohnt.

---

[46] Vgl. Sophos GmbH (2014), S. 1; Cisco Systems, Inc. (2014), S. 41 f.; Symantec (2011), S. 1 f.
[47] Vgl. Wood et al. (2016), S. 37 f.; PricewaterhouseCoopers (2014), S. 7 f.

Quellenverzeichnis

Monographien und Sammelbände

BSI (2016a): *IT-Grundschutzkataloge 15. Ergänzungslieferung - September 2016.* 14. Ergänzungslieferung. Bonn: Bundesamt für Sicherheit in der Informationstechnik. URL: https://www.bsi.bund.de/grundschutz.

Hadnagy, Christopher (2011): *Die Kunst des Human Hacking - Social Engineering - Deutsche Ausgabe.* 2. Auflage. Heidelberg: MITP-Verlags GmbH & Co. KG.

Hoglund, Greg; Butler, Jamie (2006): *Rootkits: Subverting the Windows Kernel.* Upper Saddle River, New Jersey: Addison-Wesley.

Mitnick, Kevin D.; Simon, William (2003): *Die Kunst der Täuschung.* Heidelberg: MITP-Verlags GmbH & Co. KG.

Stewart, James M. (2011): *CompTIA Security+ Review Guide - SY0-201.* New York: John Wiley & Sons.

Vacca, John R. (2012): *Computer and Information Security Handbook.* 2. Auflage. Waltham: Elsevier Science.

Zeitschriften und Veröffentlichungen

Binde, Beth E.; McRee, Russ; O'Connor, Terrence J. (2011): *Assessing Outbound Traffic to Uncover Advanced Persistent Threat.* Techn. Ber. Bethesda (Maryland): SANS Technology Institute.

Cova, Marco; Kruegel, Christopher; Vigna, Giovanni (2010): „Detection and Analysis of Drive-by-download Attacks and Malicious JavaScript Code". In: *Proceedings of the 19th International Conference on World Wide Web.* WWW '10. Raleigh, North Carolina: ACM, S. 281–290.

Röhr, Matthias (2016): „Abwehrbereit – Hilfe von Dienstleistern bei Angriffen auf die IT". In: *IT-Administrator* Nr. 10, S. 91–94.

Saltzer, Jerome H.; Schroeder, Michael D. (1975): „The protection of information in computer systems". In: *Proceedings of the IEEE.* Bd. 63. 9, S. 1278–1308.

Simon, Hermann (1990): „"Hidden champions": Speerspitze der deutschen Wirtschaft". In: *Zeitschrift für Betriebswirtschaft (ZfB)* 60.Nr. 9, S. 875–890.

Slot, Terence (2015): „Detection of APT Malware through External and Internal Network Traffic Correlation". Masterthesis. Enschede: Universität Twente.

Webquellen

Bachfeld, Daniel (2010): *Stuxnet-Wurm kann Industrieanlagen steuern.* URL: http://heise.de/-1080584 [Online; abgerufen am 12.06.2016].

Bitkom (2016): *Industrie im Visier von Cyberkriminellen und Nachrichtendiensten.* URL: https://www.bitkom.org/Presse/Presseinformation/Industrie-im-Visier-von-Cyberkriminellen-und-Nachrichtendiensten.html [Online; abgerufen am 08.10.2016].

BSI (2013): *Fokus IT-Sicherheit 2013.* Techn. Ber. Bonn: Bundesamt für Sicherheit in der Informationstechnik (BSI. URL: https://www.bsi.bund.de/SharedDocs/Downloads/DE/BSI/Publikationen/Lageberichte/Fokus_IT-Sicherheit_2013_nbf.pdf [Online; abgerufen am 08.10.2016].

BSI (2016b): *Ransomware – Bedrohungslage, Prävention & Reaktion.* Techn. Ber. Bonn: Bundesamt für Sicherheit in der Informationstechnik (BSI). URL: https://www.bsi.bund.de/SharedDocs/Downloads/DE/BSI/Cyber-Sicherheit/Themen/Ransomware.pdf [Online; abgerufen am 15.10.2016].

BSI (2016c): *Ransomware: Ein Drittel der Unternehmen ist betroffen.* Bonn. URL: https://www.bsi.bund.de/DE/Presse/Pressemitteilungen/Presse2016/Ransomware_Umfrage_27042016.html [Online; abgerufen am 15.10.2016].

Cisco Systems, Inc. (2014): *Cisco 2014 Annual Security Report.* Techn. Ber. San Jose, CA: Cisco Systems, Inc. URL: http://www.cisco.com/web/offers/lp/2014-annual-security-report/ [Online; abgerufen am 08.10.2016].

Eikenberg, Ronald (2011): *Duqu nutzt bislang unbekannte Lücke im Windows-Kernel.* URL: http://heise.de/-1370005 [Online; abgerufen am 12.06.2016].

Eilers, Carsten (2012): *Was ist ein Advanced Persistent Threat (APT)?* URL: http://www.ceilers-news.de/serendipity/219-Was-ist-ein-Advanced-Persistent-Threat-APT.html [Online; abgerufen am 02.10.2016].

Emm, David (2008): *Neue IT-Bedrohungen, neue Abwehrmaßnahmen: Die Entwicklungsgeschichte von Viren und Antivirus-Programmen.* URL: https://de.securelist.com/analysis/59597/neue-it-bedrohungen-neue-abwehrmanahmen-die-entwicklungsgeschichte-von-viren-und-antivirus-programmen/ [Online; abgerufen am 08.10.2016].

Falliere, Nicolas; Murchu, Liam O.; Chien, Eric (2011): *W32.Stuxnet Dossier*. Techn. Ber. Mountain View: Symantec. URL: http://www.symantec.com/content/en/us/enterprise/media/security_response/whitepapers/w32_stuxnet_dossier.pdf [Online; abgerufen am 08.10.2016].

Geier, Eric (2011): *Intro to Next Generation Firewalls*. URL: http://www.esecurityplanet.com/print/security-buying-guides/intro-to-next-generation-firewalls.html [Online; abgerufen am 08.10.2016].

Gragido, Will (2012): *Lions at the Watering Hole – The VOHO Affair*. URL: https://blogs.rsa.com/lions-at-the-watering-hole-the-voho-affair/ [Online; abgerufen am 07.05.2016].

Grimes, Roger A. (2013): *Watch out for waterhole attacks – hackers' latest stealth weapon*. URL: http://www.infoworld.com/article/2614643/security/watch-out-for-waterhole-attacks----hackers--latest-stealth-weapon.html [Online; abgerufen am 12.06.2016].

Holland, Martin (2016): *Stuxnet angeblich Teil eines größeren Angriffs auf kritische Infrastruktur des Iran*. URL: http://heise.de/-3104957 [Online; abgerufen am 12.06.2016].

Holland, Ted (2004): *Understanding IPS and IDS: Using IPS and IDS together for Defense in Depth*. Techn. Ber. Bethesda, MD: SANS Institute. URL: https://www.sans.org/reading-room/whitepapers/detection/understanding-ips-ids-ids-defense-in-depth-1381 [Online; abgerufen am 09.10.2016].

Kaspersky Lab (2013): *Jahrestrend 2013: Gezielte Attacken auf Unternehmen, Partner und Zulieferer*. URL: http://www.kaspersky.com/de/about/news/virus/2013/Jahrestrend_2013_Gezielte_Attacken_auf_Unternehmen_Partner_und_Zulieferer [Online; abgerufen am 08.10.2016].

Kurzlechner, Werner (2013): *Die größten Herausforderungen für Cloud*. URL: http://www.cio.de/a/die-groessten-herausforderungen-fuer-cloud,2909071 [Online; abgerufen am 08.10.2016].

Maier, Matthias (2013): *Was SIM und SEM von SIEM unterscheidet*. URL: http://www.computerwoche.de/a/was-sim-und-sem-von-siem-unterscheidet,2511108 [Online; abgerufen am 03.10.2016].

Malenkovich, Serge (2013): *Was ist ein Rootkit?* Techn. Ber. Kaspersky. URL: https://blog.kaspersky.de/was-ist-ein-rootkit [Online; abgerufen am 03.10.2016].

Martin, Christopher (2014): *Mehrstufige Sicherheit mit dynamischem Sandboxing.* URL: http://www.it-administrator.de/themen/sicherheit/fachartikel/166716.html [Online; abgerufen am 09.10.2016].

McWhorter, Dan (2013): *APT1 – Exposing One of China's Cyber Espionage Units.* Techn. Ber. Milpitas, CA: Mandiant Intelligence Center / FireEye. URL: https://www.fireeye.com/content/dam/fireeye-www/services/pdfs/mandiant-apt1-report.pdf [Online; abgerufen am 02.10.2016].

Miller, Russell (2012): *Advanced Persistent Threats: Verteidigung von Innen gegen Angriffe von Außen.* Techn. Ber. New York: CA Technologies. URL: http://www.ca.com/de/~/media/Files/whitepapers/ca-advanced-persistent-threats-wp-deu.pdf [Online; abgerufen am 08.10.2016].

Ponemon (2012): *2011 Cost of Data Breach Study – United States.* Techn. Ber. Traverse City, MI: Ponemon Institute LLC. URL: http://www.symantec.com/content/en/us/about/media/pdfs/b-ponemon-2011-cost-of-data-breach-us.en-us.pdf [Online; abgerufen am 08.10.2016].

PricewaterhouseCoopers (2014): *Managing cyber risks in an interconnected world – Key findings from The Global State of Information Security Survey 2015.* Techn. Ber. New York: PricewaterhouseCoopers LLP. URL: http://www.pwc.com/gsiss2015 [Online; abgerufen am 08.10.2016].

Rashid, Fahmida Y. (2015): *Chinese Attackers Hacked Forbes Website in Watering Hole Attack: Security Firms.* URL: http://www.securityweek.com/chineseattackershackedforbeswebsitewateringholeattacksecurityfirms [Online; abgerufen am 07.05.2016].

Ries, Uli (2013): *IT-Sicherheit outsourcen mit Managed Security Services.* URL: http://www.computerwoche.de/a/it-sicherheit-outsourcen-mit-managed-security-services,2485924 [Online; abgerufen am 08.10.2016].

Rouse, Margaret (2015): *Security Information and Event Management (SIEM).* URL: http://www.searchsecurity.de/definition/Security-Information-and-Event-Management-SIEM [Online; abgerufen am 08.10.2016].

Sanger, David E. (2012): „Obama Order Sped Up Wave of Cyberattacks Against Iran". In: *New York Times.* URL: http://www.nytimes.com/2012/06/01/world/middleeast/obama-ordered-wave-of-cyberattacks-against-iran.html [Online; abgerufen am 22.11.2014].

Sarpong, George (2016): *Melani erklärt Ruag-Hack.* URL: http://www.netzwoche.ch/news/2016-05-23/melani-erklaert-ruag-hack [Online; abgerufen am 01.10.2016].

Schirrmacher, Dennis (2016): *l+f: Hacker phishen auf einen Schlag 3 Millionen US-Dollar ab.* URL: https://heise.de/-3163793 [Online; abgerufen am 01.10.2016].

Schneier, Bruce (2006): *Security in the Cloud.* URL: https://www.schneier.com/blog/archives/2006/02/security_in_the.html [Online; abgerufen am 15.05.2016].

Schneier, Bruce (2011): *Advanced Persistent Threat (APT).* URL: https://www.schneier.com/blog/archives/2011/11/advanced_persis.html [Online; abgerufen am 07.05.2016].

Schröder, Christian (2016): *Herausforderungen von Industrie 4.0 für den Mittelstand.* Techn. Ber. Bonn: Friedrich-Ebert-Stiftung, Abteilung Wirtschafts- und Sozialpolitik. URL: http://library.fes.de/pdf-files/wiso/12277.pdf [Online; abgerufen am 08.10.2016].

Sophos GmbH (2014): *Security Threat Report 2014.* Techn. Ber. Wiesbaden: Sophos GmbH. URL: https://www.sophos.com/en-us/medialibrary/PDFs/other/sophos-security-threat-report-2014.pdf [Online; abgerufen am 08.10.2016].

Sperlich, Tom (2016): *Hacker stahlen mehr als 20 GByte Daten bei Schweizer Rüstungsbetrieb.* URL: https://heise.de/-3216344 [Online; abgerufen am 01.10.2016].

Symantec (2011): *Advanced Persistent Threats: A Symantec Perspective.* Techn. Ber. Mountain View: Symantec. URL: https://www.symantec.com/content/en/us/enterprise/white_papers/b-advanced_persistent_threats_WP_21215957.en-us.pdf [Online; abgerufen am 08.10.2016].

Symantec (2014): *Trojan.Turla.* URL: https://www.symantec.com/security_response/writeup.jsp?docid=2014-011316-1921-99 [Online; abgerufen am 01.10.2016].

TrendLabs APT Research Team (2012): *Spear-Phishing E-Mail: die beliebteste APT-Angriffstechnik.* Techn. Ber. Hallbergmoos: Trend Micro. URL: http://www.trendmicro.de/media/misc/spear-phishing-email-apt-attack-research-paper-de.pdf [Online; abgerufen am 08.10.2016].

Vogt, Christian (2015): *Cyberangriffe mittels Sandboxing rechtzeitig erkennen und entschärfen.* URL: http://www.searchsecurity.de/meinung/Cyberangriffe-mittels-Sandboxing-rechtzeitig-erkennen-und-entschaerfen [Online; abgerufen am 09.10.2016].

Wikipedia (2016): *Antivirenprogramm.* URL: https://de.wikipedia.org/w/index.php?title=Antivirenprogramm&oldid=158402053 [Online; abgerufen am 08.10.2016].

Wood, Paul; Nahorney, Ben; Chandrasekar, Kavitha; Wallace, Scott; Haley, Kevin (2016): *Internet Security Threat Report 2016.* Techn. Ber. Mountain View: Symantec. URL: https://resource.elq.symantec.com/LP=2899 [Online; abgerufen am 08.10.2016].

BEI GRIN MACHT SICH IHR WISSEN BEZAHLT

- Wir veröffentlichen Ihre Hausarbeit, Bachelor- und Masterarbeit

- Ihr eigenes eBook und Buch - weltweit in allen wichtigen Shops

- Verdienen Sie an jedem Verkauf

Jetzt bei www.GRIN.com hochladen und kostenlos publizieren